U0857819

山東省城試辦大學堂暫行章程

山東大學檔案館 編

山東大學出版社

山東大學堂開校教職學員合影

目錄

出版説明

山東大學是中國近代高等教育的起源性大學，迄今已有119年的歷史。1901年創辦的山東大學堂是繼京師大學堂之後中國創辦的第二所國立大學，也是第一所按章程辦學的大學。

清朝末年，國勢日微，列强環伺，危機四伏，清政府被迫實施新政。『廢科舉，興學校』，改革封建傳統教育，推動中國教育近代化，成爲新政的一項重要舉措。光緒二十七年八月初二日（1901年9月14日），光緒皇帝諭令全國各地書院分别改爲大中小學堂。山東巡撫袁世凱隨即組織人員起草了《山東省城試辦大學堂暫行章程》折稿上奏光緒皇帝，得到御準。光緒二十七年十月十五日（1901年11月25日），山東大學堂開校，校址設在濟南濼源書院。

山東大學堂的創辦在當時的中國引起强烈反響，特别是被光緒皇帝通飭各省要求參照辦理的《山東省城試辦大學堂暫行章程》，作爲中國第一部大學章程，不僅爲山東大學一百多年按章辦學奠定了傳統基礎，而且爲當時正在興起的中國現代大學教育樹立了生動的範標，催生了全國各地大學堂的誕生，爲中國大學教育的興起和發展做出了原創性的獨特貢獻。

《山東省城試辦大學堂暫行章程》共分四部分，即學堂辦法、學堂條規、學堂課程、學堂經費，共計96節，對大學堂的各項管理制度和如何創辦省城大學堂作了十分詳盡的規定。清政府要求各省參照山東章程設立學堂，此後，浙江、江蘇、山西、四川、河南、江西、福建、廣西等省紛紛上奏仿山東章程創辦學堂事宜。

出于歷史原因，《山東省城試辦大學堂暫行章程》原件存于臺北『故宫博物院』。2001年，山東大學百年校慶之際，臺北『故宫博物院』受我校委托仿真復制了一份《山東省城試辦大學堂暫行章程》折稿及光緒皇帝朱批贈送山東大學，本書即是此復制品的影印本。

《山東省城試辦大學堂暫行章程》不僅是山東大學起源的證據，更是山東大學精神與品格形成的開始。爲了弘揚『爲天下儲人材，爲國家圖富强』的辦學宗旨，激勵山大人牢記『爲國育賢』的初心使命，加快世界一流大學建設步伐，我們全文影印了《山東省城試辦大學堂暫行章程》折稿及光緒皇帝朱批，并將反映山東大學百餘年發展變遷的山東大學歷史沿革圖作爲附件。希望通過本書，能讓廣大師生、校友和社會各界人士進一步走近山東大學的歷史，深刻領悟山東大學的辦學初衷和擔承的歷史使命。

山東大學檔案館

2020年7月

奏

署理山東巡撫臣袁世凱跪

奏爲遵

旨改設學堂酌擬教規謹將試辦章程繕單呈

覽恭摺仰祈

聖鑒事竊臣伏讀光緒二十七年八月初二日

上諭作育人才端在修明學術除京師已設大學堂

應行切實整頓外著各省所有書院於省城均改
設大學堂各府廳直隸州均設中學堂各州縣均
設小學堂並多設蒙養學堂其教法當以四書五
經綱常大義為主以歷代史鑑及中外政治藝學
為輔務使文行交修講求實用方副朕圖治作人
之至意著各該督撫學政切實通籌認真舉辦所

有聘延師長妥定教規及學生卒業應如何選舉
鼓勵一切詳細章程著政務處咨行各省悉心酌
議會同禮部覆核具奏將此通諭知之等因欽此
仰見
聖朝敬教勸學興賢育才薄海士民同深慶幸臣伏
維國勢之强弱視乎人才人才之盛衰原於學

校誠以人才者立國之本而學校者又人才所從出之途也以今日世變之殷時艱之亟將欲得人以佐治必須興學以培才顧學校不難於大興而規制實難於妥擬蓋各國學校之制大都因時以損益歷久而觀成中國則古制就湮事同創始既不可徇俗以安於簡陋亦未可駭

俗而病其繁難要使等級不至相陵規模於焉大備庶幾人易從學學易收效而才彥可期蔚興矣 臣識闇材庸奚足以知大體第念學校一事人才所繫而治道因之有不容置為後圖者本年春間應
詔陳言曾以廣建學堂為請並一面訪訂教習籌商

規制甫有頭緒而微臣適蒙

恩賞假未及興辦暫以中輟迨臣假期將次届滿適

奉八月初二日

諭旨銷假之後當即欽遵通飭各屬一律舉辦並籌

貲擇地先於省城改設大學堂以為之倡擬定

試辦章程四項首議辦法次立條規次訂課程

次籌經費請為我

皇太后

皇上約略陳之一曰辦法考各國學制必先由小學而後升入中學由中學而後升入大學此通例也現各屬應設之小學中學堂難以驟成而省城之大學堂又勢難久待祇得就大學堂內區

分三等一備齋習淺近各學略如各州縣之小學堂一正齋習普通學略如各府廳直隸州之中學堂一專齋習專門學按大學堂衹應設專齋因一時無所取材故雖有大學堂之名暫不立專齋之課而先從備齋正齋入手俟正齋諸生畢業有期再續訂專齋課程以資精進其備

正各齋教法以四書五經為體以歷代史鑑及中外政治藝學為用惟是中國經史精深廣博如與各國政治藝學同時並習既慮致功無序泛涉不精又恐髫齡子弟血氣未定見異思遷或至忽其本根歧其趨嚮必須另設蒙養學堂挑選幼童自七歲起至十四歲止此八年内專

令講讀經史並授以簡易天文地輿算術畢業

後選入備齋除隨時温習經史外再令講求淺

近政治加習各種初級藝學俟入正齋又加深

焉庶先明其體後達其用功程遞進本末秩然

現當創辦伊始所有中學小學以及蒙學均尚

在議而未設之列祇可先用經義史論考選學

生挑入備齋肄業暫以三百人為定額以年在十五歲以上二十三歲以下通解經史身家清白者為合格慎選教習以為之師長分設總辦監督以為之鈐制其學生按照酌定年限依次畢業其總辦監督教習各員按照三年保獎一次其各種圖書儀器先擇應用者酌量購置以

供肄習將來擬陸續增設譯書局藏書樓博物院各一所以臻美備此辦法之大略也一曰條規課士之道禮法為先而宗聖尊王尤為要義堂內應恭祀

至聖先師孔子暨本省諸先賢先儒每月朔望由教習率領諸生行禮並宣講

聖諭廣訓以來身心若恭逢
萬壽聖節暨
至聖先師孔子誕日均須齊班行禮以誌虔恭其餘
並皆堂有定規業有定程講習有時行坐有序
出入有度休沐有期功過賞罰均有簿記司事
雜役各有職掌要之總以嚴肅整齊為主此條

規之大略也一曰課程備齋以兩年為畢業之限温習中國經史掌故並授以外國語言文字史志地輿算術各種淺近之學正齋以四年為畢業之限授普通學分政藝兩門政學一門分為三科一中國經學二中外史學三中外治法學藝學一門分為八科一算學二天文學三地

質學四測量學五格物學六化學七生物學八
譯學專齋則以兩年至四年為畢業之限共分
十門一中國經學二中外史學三中外政治學
四方言學五商學六工學七礦學八農學九測
繪學十醫學學者各專一門各齋學生每日均
須將功課分數填註日記功課餘暇均須練習

體操每月均須作中西文字每年春秋季考兩次此課程之大略也一曰經費考德美英法俄日諸國所立各等學校每國不下千百區所撥經費每年動至數千萬中國物力方艱東省庫儲尤絀驟籌鉅款殊屬不易惟念當務之為急必須竭力以經營就現在辦法而論學堂常年

額支之款暫需六萬兩之譜其一切活支數目尚難預計日後漸次推擴經費亦須隨時加增臣本年曾整頓稅契一項頗有起色擬即以此項撥充學堂經費飭令委員撙節動支力戒浮糜以期持久此經費之大略也現在四項粗已就緒擬即考選學生開學試辦以慰士子觀望之

心臣謹當督同在堂各員按照所定章程逐一
實事求是認真經理其有未盡事宜仍當隨時
增損期於至善至蒙養學堂及各府廳州縣應
設之中小學堂章程容俟依次酌定逐漸推行
用以仰副
朝廷修明學術作育人才至意抑臣更有請者建

學固以儲才儲才實以待用現在學堂既設必
須顯示出身之路優予登進之階始能觀感奮
興日新月盛擬請
飭下政務處會同禮部將選舉章程早為議定
明詔天下庶幾海內志士爭自濯磨鼓篋者多而彈
冠者亦衆長為我

國家慶得人矣臣愚昧之見是否有當謹將遵
旨改設學堂酌擬試辦章程另繕清單祗呈
御覽為此恭摺具陳伏乞
皇太后
皇上聖鑒訓示謹
奏

知道了政務處暨各該衙門知道
單併發

光緒二十七年九月二十四日

再臣前准
行在戶部咨令在京餉項下提解京師銀十五萬兩
當提漕折銀五萬兩解滬匯京下餘十萬兩奏
請由部改撥在案嗣准部議仍在漕折項下續
提奏奉
諭旨依議欽此咨行到東經臣飭司又在收存上年

漕折聽候部提項下續提銀十萬兩已委即用

知縣余際春候補知縣凌詠承領解赴江海關

道衙門交納匯京據署布政使胡景桂詳請

奏咨前來除分咨查照外理合附片陳明伏乞

聖鑒謹

奏

户部知道

設

此件清單祈迅速抄出於三日内先行繳回爲要

清單

謹將山東省城試辦大學堂暫行章程繕具清

單恭呈

御覽

計開

第一章　學堂辦法

第一節　此次山東籌辦學堂係欽奉疊次

諭旨遵辦慎選教習督課諸生其教法以四書五經
為體以歷代史鑑及中外政治藝學為用務
各實事求是力戒虛浮儲為明體達用之材
仰副
朝廷圖治作人之至意

第二節　大學堂為全省學校總匯之所其學

生應於各府直隸州分設之中學堂優生內遞升現因中學堂尚未設成暫由各府直隸州按經義史學先行募考

第三節　省城大學堂規制祇應設立專齋習專門學現因各府直隸州議設之中學堂各州縣議設之小學堂尚未能一律驟設雖有大學

堂之名而一時無所取材惟有先立備齋習初級淺近學即各州縣應設之小學堂次立正齋習普通學即各府直隸州應設之中學堂俾初學易於造就一俟各府州縣學堂依次有成再行察看情形進立專齋

第四節　中國學業以經史為本課程繁多如併入三齋內一同肄業深恐顧此失彼未能

專精現擬另設蒙養學堂令幼童自七歲至十四歲八年內專功講習經史兼解中國簡易圖算各學俾識門徑迨蒙養學堂有成再將備齋課程所列地輿學初級算學酌量改訂俟畢業後選入備齋除隨時溫習經史外並令講求中國淺近政治加習各項初級西學其於中西課程自易融會貫通

次第秩然體用遞進庶幾程功速而收效閎矣（蒙養學堂章程另行擬訂）

第五節　學堂欲求實效總以循序漸進為主現值創辦伊始不但各府州縣尚無中學小學即擬另增之蒙養學堂亦尚在議而未設之列新選各生僅能挑入備齋其能入正齋

者必屬寥寥專齋更無論矣自應變通辦理先立備齋正齋兩項課程俟備齋學生按照所定年限畢業升入正齋正齋學生畢業領照後或量材錄用或升入專齋詳見第十八節屆時由總教習酌核學生升入名額另立專齋課程以期精進而免紊越各齋畢業年限暨分年課程另載第三章

課程類中

第六節　本省各府直隸州議設中學堂各州縣議設小學堂聘用教習甚衆必須先設師範學堂以廣造就此次籌辦大學堂擬暫參用初等師範學堂規制在備齋各班學生内擇其心術端正者兼令練習初等師範以便

畢業後聽候考驗考取優等領有師範憑照即可承充小學堂教習其有入正齋肄業者屆時參用中等師範學堂規制再令練習中等師範以備中學堂教習之選

第七節　大學堂首貴崇實應掃除積習力戒糜費擬派總辦一員總教習一員或作院長監督

一員(或作院副)即責成該員等會同認真籌辦總
以擇聘教習挑選學生為第一要義其餘應
用委員司事夫役人等均由總辦總教習酌
量委用事無鉅細各有專責員額以敷用為
度不得多立名目凡於學堂無益之事併從
節省以期核實每屆年終仍將籌辦一切事

宜稟報巡撫彙查

第八節　總辦一員總理學堂一切應辦事件所有堂内學生委員司事夫役人等概歸管轄並會同總教習稽查中西各教習勤惰督同收發處員司經理銀錢出入等項事宜

第九節　總教習一員總理擇聘教習核定課

程等事所有堂內教習學生司事夫役人等
概歸管轄並會同總辦經理學堂一切應辦
事宜及挑選學生購置書籍儀器稽查銀錢
款目等事
第十節　監督一員督飭堂內學生恪守規約
會同中西教習隨時考核課程按季會考統

計分數區別優絀呈候總辦總教習復加考驗以定等級學堂凡有記功記過議賞議罰等事併歸監督商承總辦總教習秉公辦理仍兼理學堂日記暨譯書印書等項事宜如總教習因公離堂所有應辦事件即由監督暫行代理

第十一節　中學教習暫派六名專授中學課程由總辦監督選派仍由總教習隨時稽查俟學生名額加多再行酌量添派

第十二節　西學華教習暫派六名專授西學課程由總教習選派仍由總辦監督隨時稽查俟學生名額加多再行酌量添派

第十三節　西學洋教習暫派三名專授西學課程由總教習選薦訂立合同呈候巡撫派充並由總辦監督隨時稽查俟學生名額加多或設立專齋時再行酌量添派

第十四節　考選學生本年以三百名為額嗣後如再行考選是否按照現定原額應俟體

察學堂辦理情形由總辦總教習酌量籌議呈候巡撫核定於考選一箇月以前預為傳示至三年以後各府直隸州所設中學堂學生均已依限畢業陸續送入省城大學堂挨班遞升即可無庸另行考選

第十五節　各府直隸州考選學生暫時按府

治州治大小分上中下三等酌定名額十府兩直隸州擬共考選二百二十名餘額八十名即在省城就近招考土著客籍各居其半其由各府直隸州考送者須俟學堂派員覆試後再行留堂肄業考送人數按應選人數加多三分之一以備覆試淘汰凡投考學生

須在十五歲以上二十三歲以下通解經史文理明順身家清白體質強實並無習氣疾病嗜好者方為合格先期由其父兄家屬出具甘結族鄰加具保狀赴官報名聽候擇期傳考試以策論經義秉公去取嚴禁瞻徇請託情事甘結保狀各式附於本章之後

第十六節　每年開學三箇月以前先將考選日期傳知各府直隸州通行各屬出示曉諭俾免學生報到參差以致紊亂課程班次如傳示以後仍有逾期報到者即不收考開學日期詳見第二章第四節

第十七節　學堂如發給學生廩膳銀兩寒畯

之士或多希冀廩膳紛至沓來不但無以堅嚮學之誠反足啟喻利之漸非所以重士也茲擬定所有考選學生入堂肄業應令自備飯資不給廩膳庶来者皆係實心嚮學之人不至半途而廢如其中實有寒畯之士堅苦力學無以自贍者應如何量予津貼屆時由

總辦總教習監督查明核給

第十八節　考取學生入堂後應責成監督教習詳查該生心術品行是否不踰範圍材質口音是否能有成就於三箇月後查明據實呈報總辦總教習嚴加考察以定去留其有心術不正品行不端者材質口音雖優亦不

留堂肄業

第十九節　正齋學生畢業後由總辦總教習考取優等發給憑照有願入專齋者應升入肄業有願赴北京大學堂肄業者稟由巡撫咨送有願充教習者或赴本省各府州縣學堂或赴他省學堂及願就他項職業者悉聽

其便至入專齋畢業者仍由總辦總教習考驗擇優發給專門憑照或准令出洋游學或分派練習實事備將來教習差遣之用其有學識過人專門名家者並由巡撫隨時奏請破格優獎

第二十節　學生畢業後應如何選舉鼓勵一

切詳細章程現已奉

旨著政務處咨行各省悉心酌議會同禮部覆核具

奏應俟覆奏奉

旨咨行到東後本省學堂即行欽遵辦理

第二十一節　學生出洋游學最易成就現已

恭奉

諭旨著各省督撫資遣學生出洋游學學成回華奏
請優予出身自應一體欽遵辦理學生畢業
後即由總辦總教習選擇心術端正學術淵
博之士呈請資遣出洋游學如果學成領有
憑照回華本省考驗後即咨送外務部復加
考驗奏請獎勵

第二十二節　學堂總辦總教習監督教習各員均擬請三年保奬一次

第二十三節　學堂建造需時擬暫於城內擇寬敞院所先行開辦一面由總辦總教習選購合宜地基派員丈量繪圖估工督匠建造並先將會擬辦法呈候巡撫核定

第二十四節　俟建造學堂後應附設譯書局一所添派中外譯員數名選譯政學藝學各種新書以備學堂課程之用

第二十五節　俟建造學堂規模大備後應添設藏書樓博物院各一所以資考證而廣見聞屆時由總辦總教習會同籌議呈候巡撫

核定其未經議建藏書樓以前學堂所購所印書籍亦應彙存一處以備學生取閱

第二十六節　學堂刊印書籍均歸監督商承總辦總教教習經理如有應行排印書籍須由總教習於教習中酌派一人又公同議舉一人會同監督悉心校勘呈候總教習核定再

行發印其餘一切應刊應印目錄章程表簿冊籍單片等項由監督酌核辦理

第二十七節　學堂一切應辦事件除載在章程應責成總辦總教習實力奉行外其未經載入章程曁應隨時酌量因革損益各事宜應須由總教習商同總辦傳集本堂監督教

習各員公同會議共決從違以昭明允而杜偏倚惟此係以本堂人員會議本堂事件並不預聞外事自毋庸另派外人入堂會議即以總辦總教習為會議之長監督副之並派教習兩員隨時記載所議之事藉備查考每屆年終仍將應行變通各事會議一次呈請

巡撫核定

第二十八節　總辦之員應由巡撫刊發總辦山東大學堂之關防祇領啟用以昭信守

學生家屬出具甘結式如係官紳應具銜名

某府某州縣人某姓名為

出具甘結事依奉

大學堂考選學生今有親子胞弟胞姪某名年若干歲在
家讀過經史體質强壯並無習氣疾病嗜好
情願報名投考如蒙考取入堂肄業自應遵
照刊定章程辦理儻有不遵章程所載畢業
年限託故出堂不完課程暨不守規條不服
約束致被學堂擯逐或私自逃逸等情應按

每年一百兩計算賠繳學堂公費不得短少

惟因資性太拙或因患病由學堂斥退者不

在此例所具甘結是實

光緒某年某月某日某姓名

學生族鄰出具保狀式如籍隸外省應由同鄉具保

學生某人之族人鄰佑同鄉某姓名為

出具保狀事依奉

大學堂考選學生今有某人之親子 胞弟 胞姪某名年若干

歲實係身家清白體質強壯並無習氣疾病

嗜好由某人報名投考如蒙考取入堂肄業

自應遵照刊定章程辦理某人等誼屬族人 鄰佑 同鄉

情願具保儻有不遵章程所載畢業年限

託故出堂不完課程暨不守規條不服約束
致被學堂擯逐或私自逃逸等情應按每年
一百兩計算由某人賠繳學堂公費某人如
抗不遵繳或繳不足數即由具保人代賠惟
因資性太拙或因患病由學堂斥退者不在
此例所具保狀是實

光緒某年某月某日某姓名

再以上甘結保狀内載賠繳學堂公費每年

按一百兩計算係指不領津貼者而言其領

津貼者賠繳公費每年須按一百三十兩

計算

第二章　學堂條規

第一節　大學堂內恭祀

至聖先師孔子暨本省諸先賢先儒每月朔望由中

學教習率領各班學生行禮並由中學教習

宣講

聖諭廣訓一條諸生環立敬聽聽畢嚮教習三揖諸生

各相嚮一揖禮成退班

第二節　每年恭逢

皇太后萬壽

皇上萬壽

皇后千秋節由總辦率同中學教習暨堂內學生

齊班行禮

第三節　每年開學日期及恭逢

至聖先師孔子誕日亦由中學教習率領堂內學生齊班行禮

第四節　每年春季以正月二十前後開學小暑節放學給暑假休息至立秋節後六日開學十二月十五前後放學給年假

第五節　恭逢

皇太后萬壽

皇上萬壽

皇后千秋節各停課一日

至聖先師孔子誕日停課一日端午中秋佳節各停

課一日每月逢房昴星虛日期各停課一日

第六節　學生在學堂每日寢興食息均有一

定時刻屆時各鳴鐘為號夏季早五點半鐘鳴鐘一次學生晨興預備本日功課早中晚膳分午前七點半鐘午後十二點半鐘及六點半鐘各鳴鐘一次預備用膳晚九點鐘又鳴鐘一次概行停課預備休息冬季早六點鐘鳴鐘一次學生晨興預備本日功課早中

晚膳分午前七點鐘正午十二點鐘午後六點鐘各鳴鐘一次預備用膳晚九點半鐘又鳴鐘一次概行停課預備休息晚十點鐘一律止燈就寢

第七節　夏季每日早五點半鐘開學堂大門晚八點半鐘閉門冬季早六點鐘開門晚九

點鐘閉門閉門以後非遇有緊要公事由總辦總教習發給特准憑單不得擅開

第八節　夏季下午五點半鐘至六點十五分鐘冬季下午四點四十五分鐘至五點四十五分鐘功課餘暇准學生在學堂附近寬敞地方休息游覽惟不得距堂太遠過時即應

回堂如有先時私出及過時不回者應由司閽稟明總教習監督查辦

第九節　學堂大門責成司閽經管除總辦總教習監督教習委員外其餘勿論何項人等出入大門均須認真稽查並查明學生有無驗單差弁夫役有無憑牌如無驗單憑牌即

不准其私出大門違則稟究學生惟遇停課日期暨因事請假領有驗單准其出入又逐日休息時刻准其出入此外不准私出大門一步驗單憑牌由監督兼管出堂具領回堂即繳

第十節　學生不得在學堂內買物其賣物者

亦不得擅進大門

第十一節　業精於勤學生無事不准請假如實有緊要大故應由其父兄家屬具函陳明經總教習核准交由監督酌發假單單內註明期限屆期即須銷假回堂如無假單不准司閽任其擅出其領有假單而回堂逾定限

者應否再行收錄仍候總教習監督查明適限之故分別酌核辦理

第十二節　學堂專派司事接待賓客凡有賓客來堂應由司閽報明由司賓迎至客廳款待有願備覽學堂規制者亦由司賓導引惟功課未畢不得引入講堂教習亦不得於功

課未畢以前會客其有謁總辦總教習監督委員者如功課未畢亦須繞避講堂延入旁室接見或即在客廳接見以免躭誤課程學生不得與閒雜人等私相往來惟親族准許到堂看視仍須俟功課畢時方能通知若上講堂不許私出接見尤不許在堂讌客凡送

公文信件人役均不得進二門

第十三節　學生見總教習監督中西學各教習均執弟子禮除朔望揖拜外平日接見亦必肅然致敬以昭師範之重學生見總辦與見總教習儀節同

第十四節　學生上講堂各按班次徐行不得

爭先落後在講堂上不得吸煙飲茶私相笑語以昭嚴肅

第十五節　講堂坐位各班暫以齒為序俟到堂三箇月後考其勤惰而升降之

第十六節　學堂禁止酗酒賭博吸洋煙並嚴禁喧嚣爭詈鬬毆等事違者分别責罰

第十七節　堂内火燭最宜小心擦燈添油各處均派人管理諸生不必經手臨卧宜即止燈

第十八節　講堂及旁室牆壁上不得塗抹字迹各室由雜役每日打掃兩次不得任意污穢致釀疾病

第十九節　堂規務須嚴肅整齊除由監督商

承總辦總教習認真督察外中學西學各教習均須幫同照料約束其所教本班學生分住房屋每日務須輪流稽察一次如有干犯堂規沾染習氣者應即量予斥責並隨時告知監督或呈明總辦總教習以便查明整頓

第二十節　教習教導學生貴乎明廉恥知羞

惡崇尚禮讓激發忠義固不必輕用笞扑以辱其身亦不得漫無約束以驕其氣

第二十一節　學生有違犯堂規不敬品誼不守禮法及頑梗不率教未能完其課程者或量予責懲或降列等次或酌議罰辦或開除名額應由監督及各教習商承總辦總教習

秉公查核辦理

第二十二節　中學教習須按照課程認真督課如有違犯堂規不勤其職者應由總辦監督查明情節輕重稟知巡撫輕則議罰重則撤換不得稍涉瞻徇

第二十三節　西學教習須按照課程認真督

課如有違犯堂規不勤其職者應由總教習查明情節輕重稟知巡撫輕則議罰重則撤換不得稍涉遷就

第二十四節　委員司事差弁均須按照章程認真辦事如有違犯堂規不勤其職不慎其事者應由總辦查明情節輕重分別撤罰夫

役人等有違犯堂規懶惰誤公者查明即行逐出所犯事故有為總教習查出者亦即商明總辦分別撤換斥逐

第二十五節　教習常年督課各有專責不得時常請假致誤課程如有緊要事故須具假單候總辦總教習核准並於單內聲明假限

以便另派教習代為督課假限屆滿即行回堂如逾限不回按日照扣薪俸逾限在兩箇月以外即將員額開除如平時偶因要事暫行請假亦須於前一日呈候總教習監督核准不得隨時任便離堂至於暑假年假則係按照定章辦理

第二十六節　學堂設立功過簿三本除總辦總教習監督外各教習委員共列一簿司事差弁共列一簿學生共列一簿分別詳記至記功若干次應予獎勵記過若干次應予罰辦暨一切議賞議罰事宜概由監督商承總辦總教習妥定簡明章程稟請立案辦理並

分別刊布榜示俾衆咸知

第二十七節　學堂未建藏書樓以前先擇一室存儲中國經史並先儒約束身心闡明義理之書以及新譯中外政學藝學各種書籍並置備几案派人經理以便學生前往查閱所藏之書約分兩類一為查考之書祇准學

生赴藏書處查閱不准攜借一為誦習之書准學生借歸私室摘鈔惟須向經理人言明限期繳還逾限即由經理人前往查取如有損失應歸借閱之學生照全部書價賠償此等處所並不准吸煙談笑以致耽誤他人閱書

第二十八節 學堂於藏書之外另擇一室存

儲各種學問報月報旬報日報派人經理每日上午八點鐘至十一點鐘下午三點鐘至五點鐘晚七點半鐘至九點鐘均准學生前往披覽以廣見聞惟不得攜入私室又凡議論不甚純正紀載類多失實之報概不存儲並責成經理人隨時留心甄擇

第二十九節　學堂購置書籍圖畫儀器等項係備學生講習考驗之用不得攜出學堂外人亦不得向學堂私借違者議罰

第三十節　學堂設立養病房一所藥房即附其中並派醫生司事妥為經理每日上午八點鐘醫生即到堂診視凡學生有患病者或

由自己報明或由同班學生代報立即撥醫就診或即移入養病房調治其有病重願回家調治者應由醫生報明總教習監督方准給假病痊仍銷假肄業

第三十一節　學堂設立浴房一所以便諸生沐浴其浴池均用流水暗溝沐浴時毋得將

不潔之水注於浴房之外以致穢氣侵入旁室並派人經理浴房以力求潔淨為主庶於衛生有益每七日沐浴一次凡遇停課日期有願沐浴者亦聽其便

第三十二節　學堂附設工房一所派熟悉製造者經理以便學堂購存儀器及試驗格物

學各項器具均可隨時自行修理並可仿造各項機件式樣添配各項應用器具以及考驗各種藝學功用惟不准堂内上下人等私託工房配造自用器物違者議罰

第三十三節　學堂置備粉牌數方所有應行傳知事件前一日繕牌懸於講堂之外俾衆

咸知所定規約章程除刊發外仍隨時摘要

牌示

第三章　學堂課程

第一節　大學堂課程分為備齋正齋專齋三

項備齋課程以兩年為畢業之限溫習中國

經史

國朝掌故大略並授以外國語言文字史志輿地算術各項初級淺近之學正齋課程以四年為畢業之限授以普通學分政學藝學兩門政學一門分為三科一中國經學二中外史學三中外治法學内分吏户禮兵刑工交涉七目藝學一門分為八科一算學二天文學三地質學四測

量學五格物學內分水學力學氣學熱學聲學光學磁學電學八目六化學七生物學內分植物學動物學兩目八譯學泰西方言附以上政學藝學均編入普通課程至專齋課程則以兩年至四年為畢業之限參酌中外學制共分十門一中國經學二中外史學三中外政治學四方言學五商學六工學七礦

學八農學九測繪學十醫學凡入專齋肄業者俾各認習一門以徵實用而備器使

第二節　備齋正齋逐年課程分春秋兩季列表於後其逐日詳細課程應俟開辦時由總教習商同監督分別釐定榜示講堂至專齋課程則俟正齋學生畢業六箇月以前由總

教習督同各專門教習另行釐定

第三節　堂內中學西學均分班傳習每班人數俟考選學生後由總教習監督酌定

第四節　每日課程白晝以八點鐘為限分五點鐘習西學兩點鐘習中學一點鐘習體操夜課溫習考驗以兩點鐘為限其起止時刻

應候總教習按照節氣酌定榜示講堂

第五節　每日早晚中西學課程均有一定時刻或上講堂由教習督課或在旁室自課應由監督暨中西學教習會同妥商呈候總教習核定於課程單內詳晰開列俾諸生按照所定時刻分別預備以免參差致礙全班功課

第六節　學生如在室自習夜課應遵照學堂所定夜晚課程預備以便次日歸入全班考問

第七節　學堂中學課程責成監督率同中學各教習認真督課總以正心術敦品行明倫理知大體為主擇四書五經及先儒性理諸書要義反覆詳繹印證俾諸生有以植其本

而立其基庶幾成德達材體用大

第八節　西學課程責成總教習率同西學各教習認真督課西學中學名雖區別理仍一致各國學堂亦以倫理為重其研求倫常性理諸學復甚精備而恪守國憲尤為學中要義在堂諸生未有不知尊君親上之義者蓋

以從學士子皆國家培養之人其義固相屬
也課程餘暇宜令各教習酌照中西各學堂
辦法隨時傳集學生恭述
朝廷培育人材振興實學推廣選舉優待士類之
盛德相與導揚而激勵之俾人人知時局之
艱難

國恩之深重感而思奮窮而思通公家設立學堂
是為天下儲人材非為諸生謀進取諸生來
堂肄業是為
國家圖富强非為一己利身家庶幾所志者閎而
所成就者亦大行之既久非獨可與各國學
堂媲美且駸駸乎復古學校之舊矣

第九節　中學西學課程均以講解為主而西學有必須試驗其理始明者則以試驗輔之凡講解之書次日須由學生答問試驗之理次日須由學生演説

第十節　一書講解不明不遽易他書一班試驗不熟不遽易別班庶幾讀一書有一書之

益添一班有一班之效

第十一節　學生或專習英文或專習德文或專習法文或於習英文之外兼習法文或兼習德文屆時由總教習詳察諸生口音酌量勻撥或於未開課以前由學生自行呈請仍候總教習核定開課以後即不得任意更改

第十二節　備齋正齋學生每月均作中文策論一篇經義一篇或作公牘書記文字其日期由監督商承總教習酌定課卷即由監督評閱

第十三節　正齋學生每月加作西文論一篇或作各項公牘書函紀載文字亦可其日期

由西學教習商承總教習酌定課卷即由總教習評閱

第十四節　學堂附設體操廠一所每日下午功課餘暇學生均須練習體操並於西學教習中派督操教習一員督課其練習體操章程即附列逐日詳細課程單中亦以循序漸

進備齋學生先練柔輭體操正齋學生加練器具體操專齋學生再加練兵式體操不但藉以衛生並可兼嫻武備

第十五節　學堂考核功課用北宋國學積分法每季發給教習日記簿一本令將逐日功課所完分數依次填註呈由監督商承總教

習並會同各教習詳加稽核以分數之多寡定學生之勤惰

第十六節　每年春秋季考兩次以平日堂課三分之二季考課卷三分之一定其等級如季考等級最下應由教習呈請分別降革以示儆戒季考之外教習亦可定期考校或由

總教習監督傳考亦可

第十七節　課程表內所列分年課程僅具大概規模如有應行增損移易之處應於每季開課以前由總教習監督督同各教習酌量更定另行刊布並榜示講堂

中西學分年課程表

備齋

第一年

首季

四書五經 温習

歷代史鑑

國朝掌故 淺近政治學附

古文

作中文策論　四書義　五經義

英文初學淺書

英文功課書　初集

數學　加減乘除至比例

地輿學　上半部

柔輭體操

次季

四書五經　温習

歷代史鑑

國朝掌故　淺近政治學附

古文

作中文策論　四書義　五經義

英文功課書　二集

英文書法

德法文　與英文課程同如係兼習另行選訂

數學　全

地輿學　下半部

柔輭體操

第二年

首季

四書五經　温習

歷代史鑑

國朝掌故　淺近政治學附

古文

作中文策論　四書義　五經義

英文功課書　三集

英文造句

德法文　與英文課程同

代數

地勢學

柔輭體操

次季

四書五經　温習

歷代史鑑

國朝掌故　淺近政治學附

古文

作中文策論　四書義　五經義

英文功課書　四集

英文成段

德法文　與英文課程同

代數　全

形學　前三卷

泰西近百年新史

柔輭體操

正齋

第一年

首季

經學 性理附

史學

中國政治學

古文

作中文策論 四書義 五經義 公牘書記文字

各國政治學

英文功課書　五集　華英捷譯法

英文尺牘

德文法　與英文課程同

形學　中五卷

格物　熱學　聲學

器具體操

次季

經學 性理附

史學

中國政治學

古文

作中文策論　四書義　五經義　公

牘書記文字

各國政治學

英文　史鈔讀本　兼習應對接談法

英文尺牘

繙譯英文

德文 法文 與英文課程同

形學 全 圓錐曲線

格物 水學 力學 氣學

器具體操

第二年

首季

經學　性理附

史學

中國政治學

古文

作中文策論　四書義　五經義　公牘書記文字

各國政治學

泰西古史　英文　兼習應對接談法

英文公牘

繙譯英文

德法文

八線　句股　航海法

格物　光學　磁學

器具體操

次季

經學　性理附

史學

中國政治學

古文

作中文策論　四書義　五經義　公

牘書記文字

各國政治學

泰西近史　英文　英文公牘

繙譯英文　作英文論

德法文

格物　乾電　濕電

天文學　天文揭要上卷

器具體操

第三年

首季

經學 性理附

史學

中國政治學

古文

作中文策論 四書義 五經義 公

牘書記文字

各國政治學

富國策　英文

作英文論

法德文

代形合參

格物　磁電　熱電　光電

天文學　天文揭要下卷
化學　原質總論
測量學
器具體操

次季

經學　性理附

史學

中國政治學

古文

作中文策論　四書義　五經義　公

牘書記文字

各國政治學

公法學

理學　英文

地學　英文

作英文論

德法文

微積學

格物測算
測量學
泰西名人列傳
器具體操

第四年
首季

經學　性理附

史學

中國政治學

古文

作中文策論　四書義　五經義　公

牘書記文字

各國政治學

倫理學　英文

性學　英文上半部

文學推源　英文

英文講論

德文

法文

化學　分質法

星學發軔　上半部

全體學　全體功用及衛生要旨

植物學

器具體操

次季

經學 性理附

史學

中國政治學

古文

作中文策論 四書義 五經義 公

牘書記文字

各國政治學

富國政策 英文

性學 英文下半部

英文講論

德文法文

代數根原

生物化學

格物試理　量電法

星學發軔　下半部

動物學

器具體操

第四章　學堂經費

第一節　學堂經費歸總辦會同總教習總理大綱並設收發處一所遴派得力委員專管收發銀錢等項事宜仍由總辦總教習隨時認真稽查

第二節　學堂常年需用經費就現在辦法估計暫以六萬兩為限候巡撫撥定的款每年

分四季赴藩庫具領嗣後如議擴充原撥經費不敷開支再行酌量添撥

第三節　學堂需用經費應分額支活支兩項如總辦總教習監督西學洋教習華教習中學教習醫生委員司事差弁應支薪水夫役應支工食以及筆墨紙張油燭薪炭等項雜

款均屬額支經費所有一切詳細數目應由
總辦總教習於未開學一箇月以前切實估
計分造清冊呈明立案以便逐年查照辦理
内中如有應行增損之處仍於年終豫算明
晰呈請更正又如購置書籍報章儀器並應
用器物傢具所需價值排印書籍修補房屋

器具考選學生津貼廩膳所需款項以及陸續添購藥房藥料工房物料化學房材料格物學所需質料器皿等項雜款均屬活支經費其一切詳細數目固難豫爲估計亦應先將籌辦大概情形分别繕具清單隨案聲明俟開學後再由總辦總教習察看情形隨時

認真核辦即於指撥常年經費內動支惟數在五百兩以上者仍應呈候巡撫核定

第四節　建造學堂需費甚鉅不在此次指撥常年經費之內屆時另由總辦總教習遴派妥員繪圖估工核實勘辦所需經費呈候巡撫另行籌撥

第五節　議設譯書局添聘中西譯員並添購各種西文書籍以及印書等項費用需款甚鉅亦不在此次指撥常年經費之內俟籌辦時再由總辦總教習切實估計約需經費若干呈候巡撫另行酌撥

第六節　學堂常年經費應由總辦總教習督

同收發處員司撙節動用核實造報不得稍涉虛糜如有贏餘儘數另儲留備活支撥用

第七節　收發處委員每年應將收發款目於六月十二月清結兩次分造四柱清冊連同原簿呈由總辦總教習核查並公同派員復查一次核對各項憑單領狀發票收據有無

譌錯核對明晰再行呈報巡撫鑒核

第八節　監督教習委員司事醫生差弁應領薪水按月由總辦總教習查照禀定數目發給憑單交收發處支付總辦總教習薪水由巡撫發給憑單支領均不得提前豫支惟照章給假停課之期准支本月全薪不按日期

扣算

第九節　每月二十五日以前收發處員司應將堂内雇募夫役人等花名造具清冊呈由總辦總教習查閱簽字後再交收發處將應支工食分別秤足各包並書明重數暨該夫役姓名屆期由總辦點名發給

第十節　購置書籍報章儀器暨格物學所需質料器皿化學房所需材料工房所需物料藥房所需藥料以及陸續添購應用器物傢具均由總教習核定繕具付價憑單交承辦人員赴收發處具領其原單仍先交總辦查閱簽字具領後再彙存收發處備核

第十一節　購置筆墨紙張油燭薪炭暨印書費修理費考選學生費以及各項應用雜款均由總辦核定繕具支款憑單交承辦人員赴收發處具領其原單仍先交總教習查閱簽字具領後再彙存收發處備核

第十二節　建造學堂各費譯書各費俟籌辦

時由總辦總教習會同繕具憑單交收發處支付

第十三節　學生飯資均應自備如實係寒畯亦可由學堂發給津貼每名至多不得逾三兩之數亦無一定名額應俟開學後由總辦總教習監督隨時酌量辦理此項津貼即由

總辦總教習會繕憑單交收發處支付

第十四節　如無以上各項憑單收發處員司即不得擅發分文以重公款所有各項憑單領狀發票收據均由收發處彙存備查

第十五節　遇季考之期由總教習監督參訂甲乙商同總辦開具名次清單呈請巡撫鑒

核至應否酌給獎賞聽候巡撫批定

第十六節　學生應用中學西學讀本書暨應用筆墨紙張均應自備現值開辦伊始亦可酌量發給以示體恤其餘應備中西善本書籍暨新式儀器等項即由學堂分別購置以資講習

第十七節　學生應用各種善本書籍東省購求不易擬由學堂附便先購多部存儲學堂學生有願購置者准照原價售給

第十八節　學生如帶有銀錢鈔票以供旅費者是否點交收發處代為存儲聽其自便如不交存儻有遺失等事即與學堂無涉

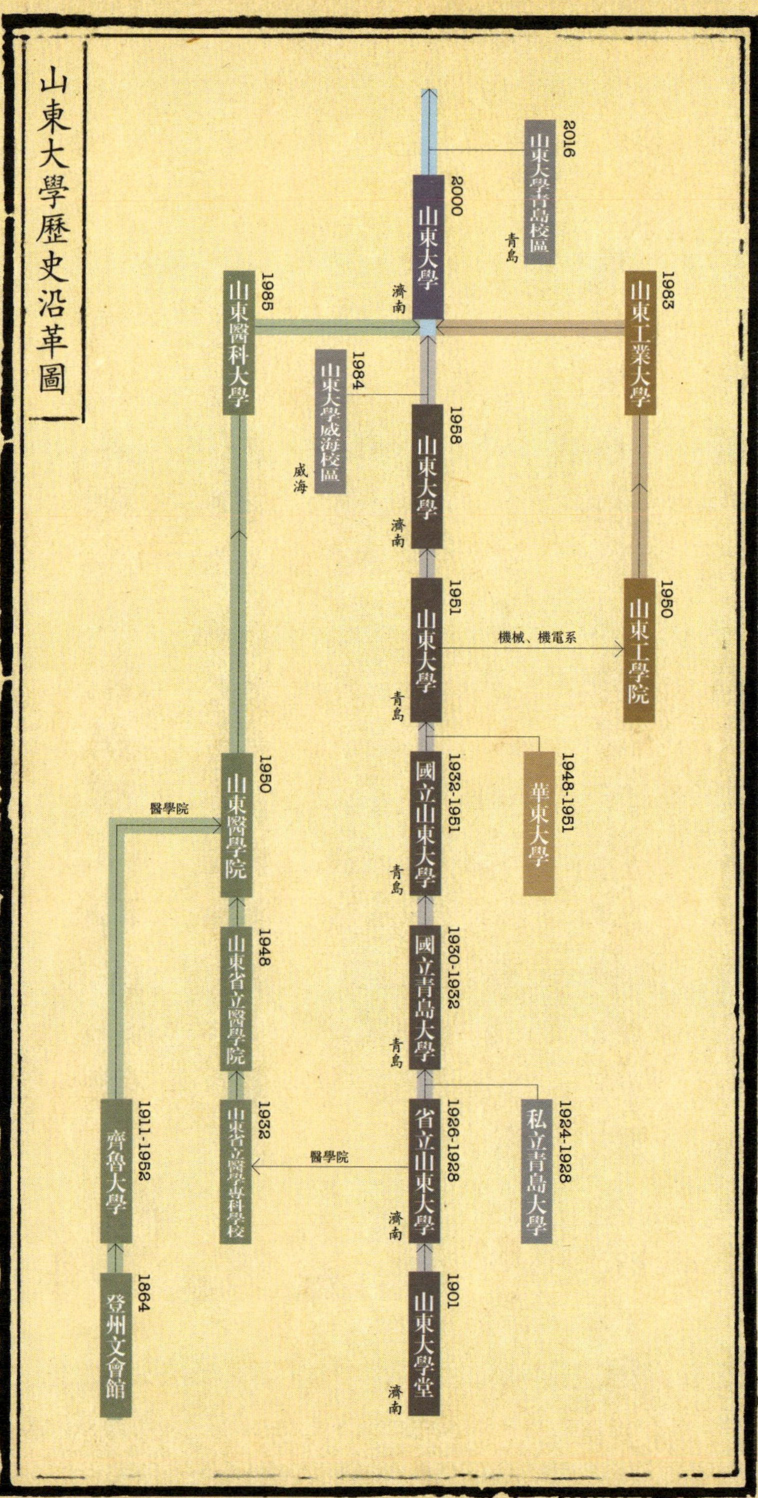
山東大學歷史沿革圖
山東大學堂
1901
濟南
省立山東大學
1926-1928
濟南
私立青島大學
1924-1928
國立青島大學
1930-1932
青島
國立山東大學
1932-1951
青島
華東大學
1948-1951
山東大學
1951
青島
機械、機電系
山東工學院
1950
山東大學
1958
濟南
山東大學威海校區
1984
威海
山東工業大學
1983
山東大學
2000
濟南
山東大學青島校區
2016
青島
登州文會館
1864
齊魯大學
1911-1952
醫學院
山東省立醫學專科學校
1932
醫學院
山東省立醫學院
1948
山東醫學院
1950
山東醫科大學
1985

圖書在版編目（CIP）數據

山東省城試辦大學堂暫行章程 / 山東大學檔案館編.
—濟南：山東大學出版社，2018.7（2021.1重印）
ISBN 978-7-5607-6089-6
Ⅰ.①山… Ⅱ.①山… Ⅲ.①山東大學—章程 Ⅳ.
①G649.285.21-65
中國版本圖書館CIP數據核字（2018）第140918號

山東省城試辦大學堂暫行章程

山東大學檔案館
編

出版發行：山東大學出版社
社址：山東省濟南市山大南路20號
郵編：250100
電話：0531-88363008
經銷：新華書店
印刷：山東華鑫天成印刷有限公司
規格：889毫米×1194毫米 1/32 5.5印張 20千字
版次：2018年7月第1版
印次：2021年1月第5次印刷
定價：32.00元